Ernst Probst

Die Badener Kultur in Österreich

Eine Kultur der Jungsteinzeit vor etwa 3.600 bis 2.900 v. Chr.

Widmung

Den Wiener Prähistorikern
Dr. Elisabeth Ruttkay (1926–2009, Foto links) und
Professor Dr. Johannes-Wolfgang Neugebauer (1949–2002, Foto rechts)
gewidmet, die mich bei meinen Büchern über die Steinzeit und Bronzezeit
unterstützt haben

Impressum
Die Badener Kultur
1. Auflage als Printbuch: Dezember 2020
Autor: Ernst Probst
Im See 11, 55246 Mainz-Kostheim
Telefon: 06134/21152
E-Mail: ernst.probst (at) gmx.de
Herstellung: Amazon Distribution GmbH, Leipzig

ISBN: 975-8-585-72973-7

Inhalt

Königshöhle im Wolfstal bei Baden in Niederösterreich.
Foto: Doronenko / CC BY-SA 3.0
(via Wikimedia Commons),
lizensiert unter Creative-Commons-Lizenz by-sa-3.0-en,
https://creativecommons.org/licenses/by-sa/3.0/legalcode

Vorwort

Mit einer Kultur der Jungsteinzeit, die von etwa 3.600 bis 2.900 v. Chr. im Burgenland und im östlichen Niederösterreich heimisch war, befasst sich das kleine Taschenbuch „Die Badener Kultur“. Ihr Name ist von den Funden in der Königshöhle im Wolfstal bei Baden in Niederösterreich abgeleitet. Die Badener Leute waren Ackerbauern, Viehzüchter und Töpfer, hielten Schafe, Schweine, Rinder, Pferde und Hunde als Haustiere, trugen Kleidung aus Schafwolle, besaßen Schmuckstücke und Werkzeuge aus Kupfer, verfügten über vierrädrige Wagen mit Ochsen als Zugtiere, nahmen Schädeloperationen vor und praktizierten blutige Kulte mit Tier- und Menschenopfern. Wenn bedeutende Personen starben, mussten ihnen offenbar Kinder als Diener ins Grab folgen.

Wiener Prähistoriker Oswald Menghin (1888–1973).
Foto: Ludwig Schwab (um 1900–1939),
Österreichische Nationalbibliothek, Bildarchiv Austria
(via Wikimedia Commons),
Lizenz: gemeinfrei (Public domain)

Kleine Diener für große Häuptlinge

Von etwa 3.600 bis 2.900 v. Chr. war im Burgenland und im östlichen Niederösterreich die Badener Kultur vertreten. Sie ist außerdem in Mähren, in der Slowakei, in Ungarn, gebietsweise in Polen sowie in nördlichen Randgebieten Serbiens verbreitet gewesen. In Oberösterreich und im Bundesland Salzburg lebten zum Teil zur gleichen Zeit die Menschen der Mondsee-Gruppe.

Den Begriff Badener Kultur hat 1925 der Wiener Prähistoriker Oswald Menghin (1888–1973) geprägt.[1] Dieser Name ist von den Funden in der Königshöhle im Wolfstal bei Baden in Niederösterreich abgeleitet. Darin hatten 1892 die Brüder Carl Calliano[2] (1857–1934) und Gustav Calliano[3] (1853–1930) aus Baden sowie der Heimatforscher Franz Skribany[4] (1865–1938) aus Mödling 32 Tage lang gegraben und dabei verschiedene Hinterlassenschaften dieser Kultur entdeckt.

Die Badener Kultur wird heute in Österreich in zwei unterschiedlich alte Phasen eingeteilt: die Frühphase oder Boleráz-Gruppe[5] und die nachfolgende Reife Phase oder Ossarn-Gruppe[6]. In Boleráz bei Trnava in Tschechien entdeckte man eine Siedlung dieser Kultur. Der heute übliche Ausdruck Ossarn-Gruppe basiert auf den Funden vom Grasberg bei Ossarn in Niederösterreich. Sie wurde von dem Wiener Prähistoriker Christian Mayer in zwei Abschnitte gegliedert.

Der deutsche Prähistoriker Martin Furholt ersetzte 2006 den Ausdruck Badener Kultur durch den Begriff Badener Keramikstile. Nach seiner Ansicht erfüllt die Badener Kultur nicht die Voraussetzungen, die den Namen Kultur rechtfertigen.

Prähistorische Funde
in der
Umgebung von Baden.

Von
Gustav Calliano.

Mit 158 Text-Illustrationen.

Herausgegeben
von der
Gesellschaft zur Verbreitung wissenschaftlicher Kenntnisse in Baden
bei Wien.

WIEN und LEIPZIG.
Commissions-Verlag von
WILHELM BRAUMÜLLER,
K. U. K. HOF- UND UNIVERSITÄTS-BUCHHÄNDLER.
1894.

Titel der Publikation „Prähistorische Funde in der Umgebung von Baden" aus dem Jahre 1894 von Gustav Calliano (1853–1930)

Sr. kais. und königl. Hoheit

dem durchlauchtigsten

Herrn Erzherzog Albrecht

in tiefster Ehrfurcht

gewidmet

von dem Verfasser.

Widmung in der Publikation „Prähistorische Funde in der Umgebung von Baden“ aus dem Jahre 1894 von Gustav Calliano

VII.

Die Königshöhle nächst der Ruine Rauheneck.

Fast am Ende des Wolfsthales, links, hoch oben in einem Kalkfelsen, mündet mit dem beschränkten Ausblick nach Westen ein eingestürzter Höhlenraum, welcher unter der Bezeichnung „Königshöhle“ den Illusionen nicht entspricht, die sich der fremde Wanderer nach dessen stolzklingenden Namen davon machen könnte.

Den Höhleneingang bildet in Folge des Einsturzes der eigentlichen Höhlendecke, in einer Breite von 9 Meter und einer Länge von 5 Meter, ein brückenähnlicher Felsenbogen, mit einer Oeffnungsspannweite von 11 Meter, resp. sammt der rechts gelegenen und mit einbezogenen Hohlmulde von 18 Metern, und gewährt dem Besucher wohl mit dem momentanen malerischen Anblick, auch sofort eine grosse Enttäuschung, indem er, kaum unter dem Eingangsfelsenbogen angelangt, sofort durch die grösstentheils deckenlose Höhle wieder in das Blaue blickt und damit auch schon die ganze Herrlichkeit dieses Naturspieles gesehen hat.

Die innere Breite, der durch das Tageslicht von oben beleuchteten Höhle, ist 15 Meter, die Länge 8 Meter, dieselbe hat daher mit den Unregelmässigkeiten von 10 Meter an 130 Quad.-Meter künstlich geebneten Bodenraum.

Links und rechts vom Mittelraum der Höhle, der durch einige vom einstigen Deckeneinsturze stammende Felsblöcke markirt ist, sind noch kleinere, tiefer liegende, aber verschüttete Spaltfortsetzungen. Die Höhle selbst hat mit ihren vorhängenden Vorfelsen fast gar keinen Vorraum und fällt dieser, sofort steil in das Wolfsthal ab.

Die sagenreiche Höhle soll ihren Namen (wenn sie nicht mit der am Eisernen Thor [Rücken desselben] und dem Stifte Heiligenkreuz viel näher gelegenen Königshöhle verwechselt wird, was mir sehr wahrscheinlich vorkommt) davon erhalten haben, weil sich ein König von Ungarn in ihr einige Zeit darin verborgen gehalten haben soll. Dieser König ist wahrscheinlich Béla IV., der im Jahre 1241 von den Tartaren aus seinem Reiche vertrieben, zu dem Herzog von Oesterreich, Friedrich den

Kapitel über die Königshöhle im Wolfstal bei Baden in Niederösterreich in der Publikation „Prähistorische Funde in der Umgebung von Baden“ (1894) von Gustav Calliano

Grab des Heimatforschers Franz Skribany (1865–1938)
auf dem Friedhof in Mödling.
Foto: Karl Gruber / CC BY-SA 4.0 (via Wikimedia Commons),
lizensiert unter Creative-Commons-Lizenz by-sa-4.0

Die Badener Kultur fiel in die erste Hälfte des Subboreals. In diesem Abschnitt war es kühler und feuchter als im vorhergehenden. Das hatte zur Folge, dass die Eichenmischwälder an vielen Stellen von Buchen- und Buchen-Tannen-Wäldern verdrängt wurden. In den Wäldern lebten – nach den Funden zu schließen – unter anderem Braunbären, Auerochsen, Rothirsche, Rehe und Wildschweine.
Obwohl in der Frühzeit der Badener Kultur die Toten verbrannt wurden, kennt man von zwei Menschen aus dieser Phase die Körpergröße. Dabei handelt es sich um einen 30jährigen Mann und um eine 18jährige Frau aus Sitzenberg[7] bei Tulln in Niederösterreich. Deren Leichen waren zwar auf dem Scheiterhaufen verbrannt worden, aber es blieben ungewöhnlich große Knochenfragmente erhalten, die eine Größenberechnung erlaubten. Der Mann aus Sitzenberg war 1,71 Meter groß, die Frau erreichte 1,62 Meter. Zu ihren Grabbeigaben gehörten ein Tonkrug und eine Feuersteinpfeilspitze.
Auch bei einer von zwei schlecht erhaltenen Körperbestattungen aus der Spätstufe der Badener Kultur in Wolfersdorf[8] (Niederösterreich) konnte die Körpergröße ermittelt werden. Der Mann hatte eine Größe von schätzungsweise 1,67 Meter. Querlaufende tiefe Rinnen an seinem Eckzahn in der linken Oberkieferhälfte gelten als Zeichen krankhafter Veränderungen. Am benachbarten zweiten Schneidezahn ist beginnende Karies zu beobachten. Spuren von Krankheiten wurden auch an anderen Skelettresten festgestellt. Beispielsweise haben ein junger Mann aus Wagram[9] an der Traisen und ein Mann aus Lichtenwörth in Niederösterreich an chronischer Schleimhautentzündung gelitten. Aus Lichtenwörth und Leobersdorf kennt man überdurchschnittlich viele Fälle von ernährungsbedingten Eisenmangel- oder Eiweißmangelanämien, die sich wie die Schleimhautentzündung an den Knochen ablesen ließen.

In Zillingtal im Burgenland gelang im April 1984 der älteste Nachweis einer Schädeloperation (Trepanation) in Österreich. Dabei handelt es sich um den Schädel eines 35 bis 45 Jahre alten Mannes, in den ein Medizinmann mit einem Steinwerkzeug eine 3 Zentimeter große Öffnung geschabt hat. Da die Trepanationsränder verheilt sind, hat der Operierte den Eingriff überlebt. Am Oberkiefer dieses Mannes hatten eine hochgradige Abszessbildung und eine Zahnfleischentzündung ihre Spuren hinterlassen. Diese Erkrankungen sind mit starken Schmerzen verbunden, die auch in den Oberschädel ausstrahlen. Vielleicht sind es diese Schmerzen gewesen, derentwegen die Schädeloperation vorgenommen wurde, weil man womöglich hoffte, so deren Ursache zu beseitigen.
Nach den bisherigen Funden zu schließen, lag der Siedlungsschwerpunkt der Boleráz-Gruppe im östlichen Niederösterreich und im Burgenland. Siedlungen aus dieser Phase gab es in der Gegend von Mödling (Jennyberg, Frauenstein, Anninger), auf dem Gemeindeberg in Wien XIII, Stadlau in Wien XXI, Schwechat, Mannswörth, Prellenkirchen, Pleissing und Baiersdorf in Niederösterreich. An all diesen Orten wurden zumeist Reste von Tongefäßen geborgen.
Als eine der bedeutendsten Siedlungsfundstellen der Boleráz--Gruppe in Niederösterreich gilt der Jennyberg bei Mödling. Dort hat vor allem der Drogist und Heimatforscher Oskar Spiegel (1903–1985) aus Gießhübel zahlreiche Hinterlassenschaften der einstigen Bewohner zusammengetragen. Auf dem Jennyberg fand man unter anderem Reste von Tongefäßen und von tönernen Tierfiguren.
Die Fundstellen der Ossarn-Gruppe konzentrieren sich vor allem südlich der Donau in Niederösterreich. Hier wurde offenbar vorzugsweise das Traisental besiedelt. Es konnten aber auch Siedlungsstellen nördlich der Donau und im Burgenland

Wiener Prähistoriker Josef Bayer (1882–1931). Die Aufnahme zeigt ihn zur Zeit der Ausgrabungen am Fundort Willendorf II in der Wachau (Niederösterreich) im Jahre 1908. Foto: Naturhistorisches Museum Wien, Prähistorische Abteilung

nachgewiesen werden. Auffällig ist, dass in Niederösterreich offenbar das nördliche Weinviertel und das Waldviertel gemieden worden sind. Bei Ausgrabungen in Pottenbrunn (Niederösterreich) stieß man auf einen trapezförmigen Hausgrundriss, dessen Breite sechs Meter betrug.

Zu den wichtigsten Siedlungsfundstellen der Ossarn-Gruppe in Niederösterreich gehört der Nordhang des 333 Meter hohen Grasberges am rechten Ufer der Traisen bei Ossarn. Dort hat vom Frühjahr 1927 bis zum Herbst 1928 der Wiener Prähistoriker Josef Bayer (1882–1931) Grabungen vorgenommen. Dabei entdeckte er insgesamt 30 Abfallgruben mit Hinterlassenschaften der ehemaligen Bewohner. In einer von ihnen wurde der bisher eindrucksvollste Beleg für den Ackerbau gefunden. Sie enthielt verkohlte Weizenkörner im Gesamtgewicht von etwa 30 Kilogramm. Von der wohl grundsätzlich mit Pfeil und Bogen erlegten Jagdbeute sind in Ossarn die Überreste von Wildschwein, Elch, Rothirsch und Siebenschläfer nachgewiesen.

Der Ossarn-Gruppe rechnet man auch die Funde aus der Königshöhle[10] bei Baden zu. In dieser 25 Meter langen Höhle mit einem 16 Meter breiten und 3 Meter hohen Eingang wurden in einer Aschenschicht verschiedene Tongefäße, Stein- und Knochengeräte sowie ein kupferner Ösenhalsring geborgen. Diese Gegenstände belegen die kurzfristige Anwesenheit von Angehörigen der Badener Kultur. Was sie bewogen hat, diesen Unterschlupf aufzusuchen, weiß man nicht.

Die Badener Leute verfügten über vierrädrige Wagen, vor die man vermutlich Ochsen oder Kühe spannte. Denn in Budakalász und Szigetszentmárton bei Budapest entdeckte man Tonmodelle eines Wagentyps mit vier Scheibenrädern, einem sich nach oben verbreiternden Wagenkasten, einem nicht drehbaren Vordergestell und einer nach oben gerichteten Deichsel.

die Funde in sich schliessende, lichtgraue Aschenschichte, die im Aushub sich stellenweise so leicht und rein erwies, dass ein darauf gelegter Scherben oder Stein, in Folge seiner Schwere, sofort in der staubtrockenen Aschenmenge untersank und die schliesslich von einer 1—4 Fuss hohen Erd- und Geröllschichte überdeckt war.

Beachtenswerth ist auch hier, als Characteristicon für unsere Kalkfelsen-Oertlichkeiten, dass gleich den Bodenverhältnissen im Winschloche, die prähistorische Fundschichte direct auf dem scharf getrennten gelben, diluviale Thierknochen bergenden Untergrund auflagert und dass diese, hier mit den später von oben abgeschwemmten und hinein-

Fig. 107. Die Königshöhle.

fallenden Erd- und Geröllmaterial, dort aber im Freien von der schwarzen Humusbildung überdeckt ist.

Die Ausgrabung selbst ergab, dass der rechte, im Hintergrunde etwas finstere Winkel der Höhle und der schmale Bodenraum unter dem Eingangsbogen am fundreichsten war, während der linke, deutlich in eine Nebenhöhle und nach aussen offene Spaltkluft auslaufende Winkel, gänzlich fundlos war und nur in seinen oberflächlichen Geröllschichten die Trümmer dreier hochbehenkelter römischer Krüge, eine kleine Bronzemünze (Gratianus), einige mittelalterliche Gefässscherben und eine schlanke eiserne Pfeilspitze besass.

Die römischen Funde, welche die Insassen des alten römischen Badens, vielleicht auf einer Streiftour daselbst zurückgelassen, und die sehr spärlichen mittelalterlichen Funde (trotz der Nähe der Burg Rauheneck), von denen nur der Pfeil, nach der Form und Spitze, an das Zeitalter vorgenannten Béla's erinnern könnte, sind als nur fast in der

Zeichnung der Königshöhle bei Baden von Karl Reitmeyer in der Publikation „Prähistorische Funde in der Umgebung von Baden" aus dem Jahre 1894 von Gustav Calliano

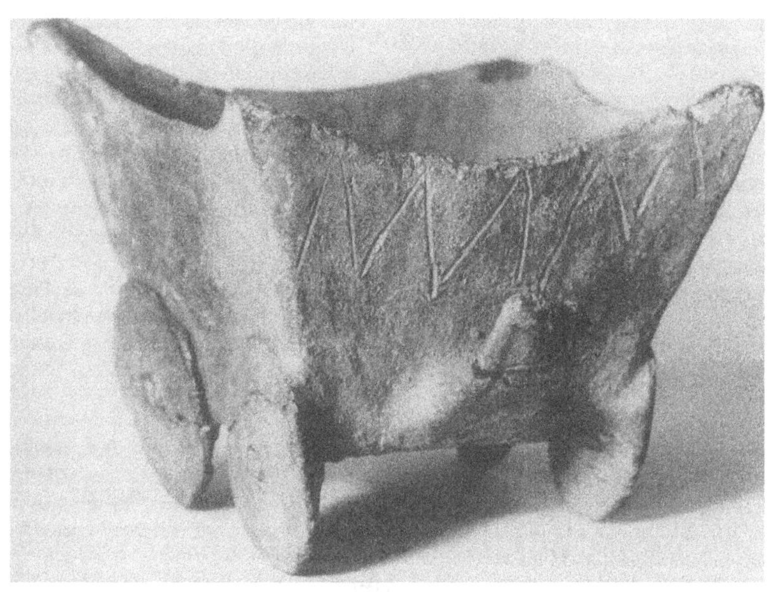

Tonmodell eines Wagens aus Budakalász in Ungarn.
Foto: Römisch-Germanisches Zentralmuseum Mainz
(mit freundlicher Genehmigung
des Ferenczy Károly Museums Szentendre, Ungarn)

Wappen von Budakalász
mit Darstellung
des Tonmodells eines Wagens.
Foto: Kaboldy / CC BY-SA 3.0
(via Wikimedia Commons),
lizensiert unter Creative-
Commons-Lizenz by-sa-3.0-en,
https://creativecommons.org/
licenses/by-sa/3.0/legalcode

Burg Merkenstein bei Gainfarn
auf einem Kupferstich von Georg Matthäus Vischer (1628–1696) von 1672.
Unter der Burg, die seit 1683 eine Ruine ist, befindet sich die Merkensteiner Höhle.
Bild (via Wikimedia Commons),
Lizenz: gemeinfrei / Public domain

Eine Darstellung auf einem Gefäß aus der Merkensteiner Höhle bei Gainfarn zeigt, dass die Frauen weitstehende Röcke trugen. Ein Spinnwirtel aus der Königshöhle bei Baden und mehrere aus Ossarn liefern einen Anhaltspunkt dafür, dass man technisch in der Lage war, aus Schafwoll Wollfäden zu spinnen und daraus Kleidung herzustellen.
Neben Schmuckstücken aus organischem Material – Hunde-, Marder- und Bärenzähne – wie von altersher trugen die Badener Leute in manchen Fällen bereits kupferne Halsringe mit eingerollter Öse an jedem der beiden Enden. Sie gelten als Vorläufer der frühbronzezeitlichen Ringe. Solche Ösenhalsringe hat man in der Königshöhle bei Baden sowie in Leobersdorf und Lichtenwörth (alle in Niederösterreich) geborgen. Die große Anzahl dieser kupfernen Drahthalsringe – bis 1990 sind neun Stück aus spätbadener Zeit bekannt geworden – ist bemerkenswert. Die Grabzusammenhänge legen nahe, dass sie wohl außergewöhnlichen Personen vorbehalten blieben.
Mit einem ungewöhnlichen Schmuckstück hatte man auch einen Leichnam in Vörs im Distrikt Fonyód (Ungarn) bestattet. Dort wurden am 20. Oktober 1952 zwei kupferzeitliche Gräber der Badener Kultur und ein eisenzeitliches aus der Latène-Kultur entdeckt. Als Ausgräber fungierte der Historiker Tamás Pekáry (1929–2010), der ab 1956 in der Schweiz und danach in Deutschland lebte. In einem der kupferzeitlichen Gräber befand sich eine Bestattung mit einem etwa 2 Zentimeter breiten kupfernen Diadem mit stilisierten Tierhörnern auf dem Kopf. Das Diadem ist an beiden Rändern mit Punkten verziert. Am Hals hing eine Schmuckkette und zu den Füßen befanden sich zwei für die Badener Kultur typische Tongefäße. Vielleicht war der oder die Verstorbene ein Häuptling oder Schamane (Priester).
Im österreichischen Verbreitungsgebiet der Badener Kultur

Anthropomorphes Tongefäß der Badener Kultur
aus Ráckeve (Ungarn)
im Museum für Vor- und Frühgeschichte, Berlin.
Foto: Einsamer Schütze / CC BY-SA 3.0
(via Wikimedia Commons),
lizensiert unter Creative-Commons-Lizenz by-sa-3.0-en,
https://creativecommons.org/licenses/by-sa/3.0/legalcode

wurden – bis auf kleine Tierplastiken – keine nennenswerten Kunstwerke gefunden. Dagegen kennt man aus Mähren, der Slowakei, Ungarn und Serbien tönerne Menschenfiguren, wie sie bereits in der Lengyel-Kultur (etwa 4.900–4.400 v. Chr.) und – noch früher – der Linienbandkeramischen Kultur (etwa 5.500–4.900 v. Chr.) vorkamen. Eine Eigenart unter diesen Kleinplastiken sind kopflose Menschenfiguren an der Wende von der Boleráz-Gruppe zur Ossarn-Gruppe. Sie hatten wie die verstümmelten Tonfiguren aus früheren Abschnitten der Jungsteinzeit eine Funktion im Kult.

Während in Nieder- und Oberösterreich vergeblich nach Musikinstrumenten Ausschau gehalten wurde, fand man in Budapest-Békásmegyer in einer Badener Siedlung ein Horn aus dem Gehäuse einer Triton-Schnecke. Aus den mitteldeutschen Kulturen Salzmünde und Walternienburg-Bernburg, die teilweise mit der Badener Kultur parallel auftraten, kennt man aus dieser Zeit verzierte tönerne Trommeln, die mit Tierhaut bespannt waren.

Als typische Formen unter den Tongefäßen der Boleráz-Gruppe gelten die kannelierte Henkelschale mit nicht hochgezogenem Bandhenkel und Töpfe mit Fischgrätenrauung. Der Ton ist in der Regel mäßig gut gebrannt, hellbraun oder rötlich. Die Feinkeramik hat man sorgfältig kanneliert, worauf der jetzt nur noch in Tschechien verwendete Begriff Kannelierte Keramik beruht. Viele Gefäße wurden mit dem sogenannten Wolfszahnmuster versehen, das aus ineinandergeschachtelten, stehenden und hängenden schraffierten Dreiecken besteht. Die Grobkeramik raute man häufig künstlich durch Tonbewurf oder manchmal durch das eingestempelte Fischgrätenmuster auf. Der Hals der Gefäße ist vielfach geglättet worden.

Kennzeichnend für die Ossarn-Gruppe sind die zweigeteilten Schüsseln mit einem Mittelsteg im Inneren, die Henkelschalen

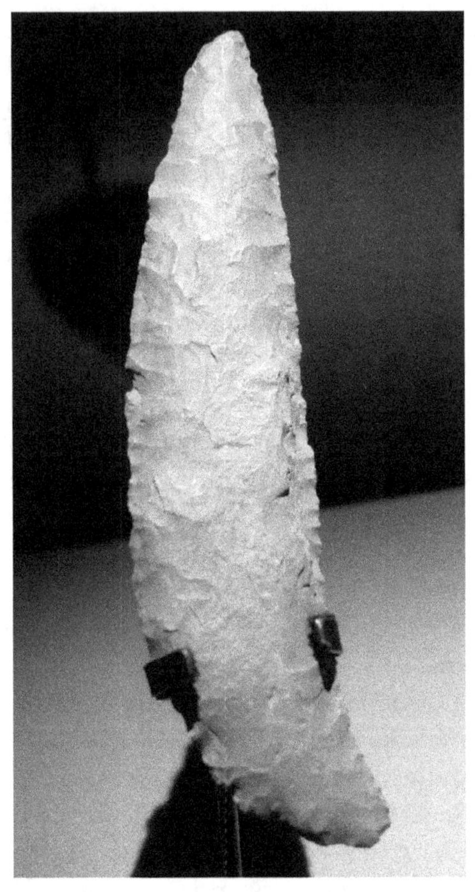

Sichelklinge der Badener Kultur aus der Königshöhle im Wolfstal bei Baden in Niederösterreich.
Foto: Wolfgang Sauber / CC BY-SA 4.0 (via Wikimedia Commons),
lizensiert unter Creative-Commons-Lizenz by-sa-4.0-de, https://creativecommons.org/licenses/by-sa/4.0/legalcode

mit hochgezogenem, breitem oft kanneliertem Bandhenkel und die Hängegefäße. Der Ton wurde bei diesen Gefäßen meist hart gebrannt. Neben der senkrechten und waagrechten Kannelur wurden viele Gefäße mit einem waagrechten Band stehender eingeritzter Dreiecke verziert, die mit ein gestochenen Punkten gefüllt sind.

Die vielgestaltige Badener Keramik zeugt vom Erfindungsreichtum der Töpfer dieser Kultur. Außergewöhnliche Formen sind beispielsweise große Gefäße mit einem Kranz von kleinen Eingussgefäßen rings um die Mündung oder um die Gefäßmitte herum, große eiförmige Gefäße mit viereckiger Mündung und menschengestaltige Gefäße, wie man sie im nordungarisch-ostslowakischen Grenzgebiet fand.

Außer Werkzeugen aus Feuerstein und Felsgestein besaßen die Badener Leute auch solche aus Kupfer. Weitaus mehr Kupfergeräte als in Österreich kamen im slowakisch-ungarischen Gebiet zum Vorschein. Sie bestanden vermutlich aus Kupfer, das in der mittleren Slowakei gewonnen wurde. Zu den Werkzeugen aus Kupfer gehörten Ahlen und sogenannte Hammeräxte.

Aus Feuerstein und Felsgestein wurden unter anderem Klingen für mit Holzstielen geschäftete Äxte oder Beile hergestellt. Als Holzbearbeitungsgerät standen weiterhin Dechsel aus Felsgestein zur Verfügung.

Für die Jagd und für den Kampf dienten Pfeil und Bogen als Fernwaffe. Dies belegt beispielsweise eine Pfeilspitze aus Feuerstein unter den Beigaben der schon erwähnten Brandbestattungen aus Sitzenberg. Dem jungen Mann aus Wagram hatte man sogar drei Pfeilspitzen mit ins Grab gegeben.

Die Menschen der frühen Badener Kultur haben ihre Toten verbrannt. Bei der Brandbestattung von zwei Menschen in Sitzenberg wurden die beiden Leichname auf den Scheiterhaufen gelegt und den Flammen überantwortet. Dort hat man ihren Leichenbrand liegengelassen und an Ort und Stelle beerdigt. Dem Mann legte man die Pfeilspitze auf die Seite, hinter dem Kopf der Frau stellte man einen Krug auf. Außerdem wurden am Südostrand der Grube inmitten der holzkohlehaltigen Füllung noch Reste eines Schweineunterkiefers geborgen, der nach der Fundsituation allerdings keine Speisebeigabe gewesen sein dürfte.

Im Gegensatz zur frühen Badener Kultur haben die Angehörigen der Ossarn-Gruppe ihre Toten unverbrannt bestattet. Charakteristisch war das vereinzelt auftretende Grab, in dem ein mit dem Kopf nach Osten und mit den zum Körper hin angezogenen Beinen nach Westen ausgerichteter Leichnam lag. Manchmal wurde das Grab mit einer Steinsetzung umgeben und mit Beigaben versehen, zu denen beispielsweise ein Tongefäß, eine Feuersteinspitze und eine Felsgesteinaxt zählten. In einigen Gräbern traf man Skelette von Erwachsenen zusammen mit Kinderschädeln an.

Die Fälle, in denen Erwachsene und Kinderschädel im selben Grab vorgefunden wurden, spiegeln vermutlich den Brauch der Totenfolge wider. Offenbar mussten Kinder bedeutenden Persönlichkeiten ins Grab folgen, damit diese im Jenseits nicht auf Gesellschaft zu verzichten brauchten. Die bedauernswerten Opfer dieses Brauches wurden gewaltsam getötet, man schnitt ihnen den Kopf ab, legte diesen mit ins Grab und verspeiste vermutlich das Fleisch ihres Körpers. Der Verfasser dieses Textes findet allerdings die Vermutung mancher Prähistoriker unlogisch, dass Kinderschädel einen Verstorbenen im Jenseits unterhalten und bedienen sollten.

Zu diesen auffälligen Bestattungen mit rituell motivierter Tötung von Kindern zählt eines der zwei Gräber von Leobersdorf[11] südlich von Wien. In diesem ruhte ein Erwachsener

mit fünf Kinderschädeln zu seinen Füßen. Bei dem Grab handelte es sich um eine mit Steinen ausgekleidete Grube. Im zweiten Grab fand man das Skelett eines Jugendlichen und neben ihm Reste eines verbrannten Erwachsenen.
Mit dem Kult der Badener Leute wird auch die Mehrfachbestattung von Lichtenwörth[12] bei Wiener Neustadt in Verbindung gebracht. An diesem Fundort stieß man innerhalb eines 2,20 mal 1,60 Meter großen Steinovals, das wohl kultische Bedeutung hatte, auf die Skelette von sieben meist jugendlichen Menschen, die teilweise übereinander lagen. Darunter befanden sich auch drei Kinder. Zwischen den Skelettresten der Menschen lagen Tierknochen. Die Schädel der Bestatteten sind teilweise gespalten. Diese Befunde deuten auf gewaltsame Tötung hin. Bei sechs Skeletten befand sich in der Halsgegend ein Kupferring. Außerdem barg man fünf steinerne Pfeilspitzen und zwei Streitäxte sowie Keramik.
Zu den rund 1.200 Gegenständen, die man 1978 in einer 14,50 Meter langen und 7,50 Meter breiten Siedlungsgrube von Lichtenwörth barg, gehörten Tierknochen sowie die unvollständigen Skelettreste von drei Erwachsenen und fünf Kindern. Diese Menschen hat man kurz nach ihrem Tod außerhalb der Grube zerstückelt. Danach ist ihr Fleisch vielleicht im Rahmen eines Kultes verzehrt worden.
Das größte Gräberfeld der Badener Kultur wurde nicht in Österreich, sondern in Budakálasz[13] nördlich von Budapest entdeckt. Es umfasste mehr als 430 Gräber, von denen die meisten Körperbestattungen, 68 aber Brandbestattungen enthielten. Außerdem gab es drei Schädelbestattungen und zehn „symbolische Gräber", durch die man vielleicht das Andenken von in der Ferne gestorbenen Angehörigen ehrte. In einem dieser „symbolischen Gräber" kam eines der erwähnten tönernen Wagenmodelle ans Tageslicht. Als zweitgrößtes

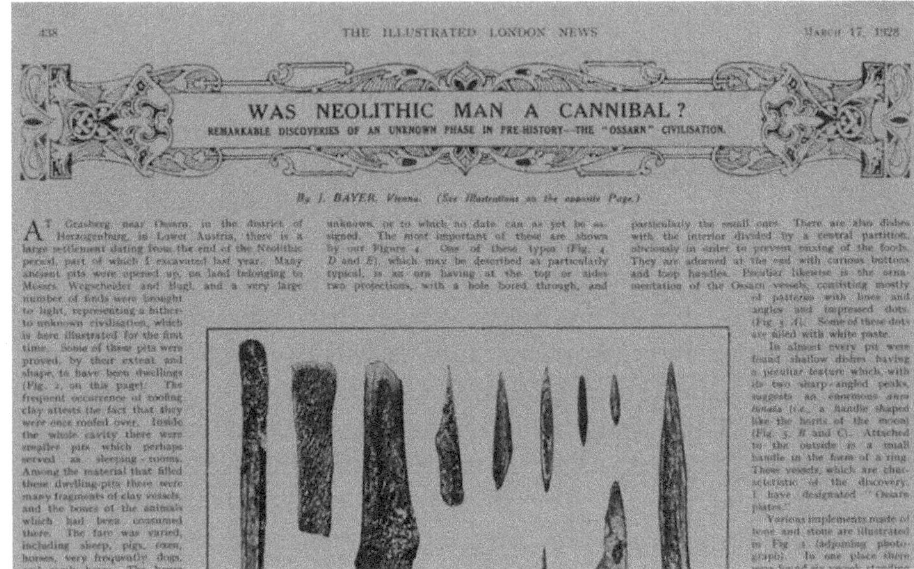

438 THE ILLUSTRATED LONDON NEWS MARCH 17, 1928

WAS NEOLITHIC MAN A CANNIBAL?

REMARKABLE DISCOVERIES OF AN UNKNOWN PHASE IN PRE-HISTORY—THE "OSSARN" CIVILISATION.

By J. BAYER, Vienna. (See Illustrations on the opposite Page.)

AT Grasberg, near Ossarn, in the district of Herzogenburg, in Lower Austria, there is a large settlement dating from the end of the Neolithic period, part of which I excavated last year. Many ancient pits were opened up, on land belonging to Messrs. Wegscheider and Hugl, and a very large number of finds were brought to light, representing a hitherto unknown civilisation, which is here illustrated for the first time. Some of these pits were proved, by their extent and shape, to have been dwellings (Fig. 2, on this page). The frequent occurrence of roofing clay attests the fact that they were once roofed over. Inside the whole cavity there were smaller pits which perhaps served as sleeping-rooms. Among the material that filled these dwelling-pits there were many fragments of clay vessels, and the bones of the animals which had been consumed there. The fare was varied, including sheep, pigs, oxen, horses, very frequently dogs, …

… unknown, or to which no date can as yet be assigned. The most important of these are shown by our Figure 4. One of these types (Fig. 4, *D* and *E*), which may be described as particularly typical, is as ara having at the top or sides two projections, with a hole bored through, and …

… particularly the small ones. There are also dishes with the interior divided by a central partition, obviously in order to prevent mixing of the foods. They are adorned at the end with curious buttons and loop handles. Peculiar likewise is the ornamentation of the Ossarn vessels, consisting mostly of patterns with lines and angles and impressed dots (Fig. 3, *A*). Some of these dots are filled with white paste.

In almost every pit were found shallow dishes having a peculiar feature which, with its two sharp-angled peaks, suggests an enormous *ansa lunata* (i.e., a handle shaped like the horns of the moon) (Fig. 3, *B* and *C*). Attached to the outside is a small handle in the form of a ring. These vessels, which are characteristic of the discovery, I have designated "Ossarn plates."

Various implements made of bone and stone are illustrated in Fig. 1 (adjoining photograph). In one place there …

Artikel „Was neolithic Man a Cannibal?" des Wiener Prähistorikers Josef Bayer im Wochenmagazin „The Illustrated London News" vom 17. März 1928. Darin geht es um die Grabung bei Ossarn in Niederösterreich von 1927.

Gräberfeld der Badener Kultur gilt das von Alsónémedi[14] in Ungarn mit 41 Gräbern.

In der religiösen Vorstellungswelt der Badener Leute spielte – nach den Funden zu schließen – das Opfer eine Rolle. Dadurch erhoffte man, für die Lebenden das Wohlwollen überirdischer Mächte zu erlangen .

Als Zeugnis einer solchen Opferhandlung wird ein im Juli 1971 in Donnerskirchen-Kreutberg[15] (Burgenland) entdecktes Gefäßdepot aus der Zeit der Boleráz-Gruppe gedeutet. Es bestand aus mindestens 15 ganzen Gefäßen, von denen auffälligerweise fünf Groß- und Vorratsgefäße verkehrt mit dem Boden nach oben und der Öffnung nach unten gestellt wurden. Die Wiener Prähistorikerin Margarete Kaus nimmt an, dass in Donnerskirchen-Kreutberg aus rituellen Motiven ein mehr oder weniger kompletter Satz Hausgeschirr in leerem Zustand intakt deponiert und sorgsam verschüttet wurde. Ähnliche Gefäßdepots aus der Zeit der Badener Kultur sind auch aus Ungarn (Uny, Viss II, Jaszbereny) und aus der Slowakei (Svodin) bekannt.

Eine gewisse Rolle in der Vorstellungswelt der Badener Leute spielten Opferungen von Haustieren. Bekannt sind Bestattungen von Ochsenpaaren aus dem nördlichen Mittelungarn, von einzelnen Rindern und von Hunden teilweise zusammen mit verstorbenen Menschen.

Teil des Kults waren vermutlich auch die tönernen Kastenwagenmodelle der Boleráz-Gruppe, die in Siedlungen und Gräbern zum Vorschein kamen. Kastenwagen ohne Räder, aber mit plastischer Darstellung der Zugtiere, kennt man aus der Zeit der Boleráz-Gruppe in der Südwestslowakei (Radosina) und von Boglárlele (Ungarn). Das Bruchstück eines derartigen Wagenmodells wurde in der Boleráz-Siedlung auf dem Jennyberg bei Mödling entdeckt.

Rathaus von Baden in Niederösterreich.
Der Name der Badener Kultur erinnert an diese Stadt.
Foto: Bwag / CC BY-SA 4.0
(via Wikimedia Commons),
lizensiert unter Creative-Commons-Lizenz by-sa-4.0-en,
https://creativecommons.org/licenses/by-sa/4.0/legalcode

Anmerkungen

1] In älterer Literatur findet man statt der Bezeichnung Badener Kultur auch die Synonyme Péceler Kultur, Ossarner Kultur, Bandhenkel-Kultur, Kannelierte Keramik und Karpaten-Kultur, sie konnten sich jedoch in der Fachwelt nicht durchsetzen. Der Begriff Péceler Kultur wurde 1956 von dem Budapester Prähistoriker Janos Banner (1888–1971) geprägt. Den Namen Ossarner Kultur hat 1928 der Wiener Prähistoriker Josef Bayer (1882–1931) erstmals verwendet. Der Begriff Randhenkel-Kultur wurde 1928 von Josef Bayer eingeführt. Den Begriff Kannelierte Keramik hat 1926 der tschechische Prähistoriker Albin Stocky (1876–1954), der am Narodni-Museum in Prag wirkte, vorgeschlagen. Der Name Karpaten-Kultur wurde 1941 von dem tschechischen Prähistoriker Jaroslav Böhm (1901–1962) geprägt, der am Archäologischen Institut der Akademie der Wissenschaften tätig war.

2] Carl Calliano (1857–1934) war Kassierer und Sekretär der Gebietskrankenkasse Baden.

3] Gustav Calliano (1853–1950) war Mitarbeiter in einer Rechtsanwaltskanzlei in Baden und Schriftsteller.

4] Franz Skribany (1865–1958) war Schriftleiter der „Mödlinger Zeitung" sowie Gründer und vier Jahrzehnte lang auch Direktor des Bezirksmseums in Mödling.

5] Der Begriff Boleráz-Gruppe wurde bereils früher von dem slowakischen Prahistoriker Vojtech Budinsky-Kricka (1903–1993) benutzt, jedoch erst ab 1964 von der tschechischen Prähistorikerin Viera Nemejcova Pavlekova aus Nitra im heutigen Sinne definiert.

6] Der Begriff Ossarn-Gruppe geht auf Josef Bayer zurück, der 1928 von Ossarner Kultur sprach (s. Anm. 1).

7] Die zwei Brandbestattungen aus Sitzenberg bei Tulln wurden im März 1982 durch den Wiener Prähistoriker Johannes-Wolfgang Neugebauer (1949–2002) und den Amateur-Archäologen Alois Gattringer aus Traismauer entdeckt.
8] Die beiden Körperbestattungen von Wolfersdorf wurden 1951 zusammen mit einer Brandbestattung beim Tiefpflügen entdeckt. Der Wiener Prähistoriker Franz Hampl (1915–1980) hat die Fundstelle untersucht.
9] Die Bestattung eines jungen Mannes aus Wagram an der Traisen wurde 1973 in der Schottergrube Göbl entdeckt. Vor seinem Brustbein lagen Schädelfragmente eines Kleinstkindes.
10] Der Name Königshöhle soll darauf beruhen, dass sich darin zeitweise ein ungarischer König versteckt haben soll. Angeblich handelte es sich um König Bela IV., der 1241 von Tataren aus seinem Reich vertrieben wurde. Die Königshöhle wird auch Zwerghöhle oder Rauchstall genannt.
11] Die Gräber von Loebersdorf wurden bereits im Sommer 1876 beim Bau der Ersten Wiener Hochquellenwasserleitung auf dem Gemeindegebiet von Loebersdorf in einer Schottergrube gefunden. Der k. k. Bergrat und Chefgeologe der k. k. Geologischen Reichsanstalt, Friedrich Teller (1852–1913) aus Wien hat die Skelettreste untersucht. Der Direktor des Münz- und Antikenkabinetts in Wien, Eduard von Sacken (1825–1885), meinte, die auffällige Bestattung eines Erwachsenen mit fünf Kinderschädeln zu seinen Füßen sei damit zu erklären, dass man dem Verstorbenen die ausgegrabenen Köpfe frisch verstorbener Angehöriger zu Füßen gelegt habe.
12] Die Mehrfachbestattung von Lichtenwörth wurde im Oktober 1933 entdeckt. Die Ausgrabungen nahmen der Volksschuldirektor Franz Hermann Wick (1883–1976) aus Lichtenwörth sowie der Zahnarzt Friedrich Hautmann (1890–1955) aus Wiener Neustadt vor.

13] Das Gräberfeld von Budakálasz wurde ab 1952 ausgegraben.

14] Das Gräberfeld von Alsónemédi wurde ab 1950 untersucht.

15] Auf das Gefäßdepot von Donnerskirchen-Kreutberg war im Juli 1971 der Baggerführer Josef Sodfried gestoßen, der einen Keller für den Neubau eines Einfamilienhauses aushob. Die Tongefäße wurden durch den Apotheker von Donnerskirchen, Walter Bencic ausgegraben. Mit Ausnahme einer kleinen Henkelschale, die er als Andenken behielt, übergab er alle Funde dem Grundeigentümer und Hausbesitzer Helmut Leeb. Im Dezember 1982 erfuhr das Burgenländische Landesmuseum in Eisenstadt von dieser Entdeckung. Im Januar 1985 suchten die Prähistoriker Karl Kaus aus Eisenstadt und Margarethe Kaus aus Wien die Familie Leeb auf und informierten sich über die Fundgeschichte. Dabei wurden ihnen die Tongefäße zur Restaurierung und wissenschaftlichen Bearbeitung überlassen. Im Februar 1985 übergab der Apotheker Bencic die Henkelschale an Karl Kaus.

Literatur

ANONYMUS: Gustav Calliano †. Badener Zeitung, S. 1/2, Baden, 15. Februar 1930.

ANONYMUS: Carl Calliano †. Badener Zeitung, S. 3, Baden, 6. Januar 1931.

AXAMIT, Jan: Bádenská keramika v Cechách – Badener Keramik in Böhmen. Pamatky archeologicke, S. 2–8, Prag 1932.

BANNER, János: Die Péceler Kultur. Archaeologica Hungarica 35, Budapest 1956.

BAYER, Josef: Die Ossarner Kultur, eine neolithische Mischkultur des östlichen Mitteleuropas. Eiszeit und Urgeschichte 5, S. 60–92, Wien 1928.

BONDAR, Maria: Aktuelle Daten zum spätkupferzeitlichen Diadem von Vörs. Ungarische Archaologie, E-Journal, August 2015 https://www.researchgate.net/publication/281271741_Bondar_Maria_Recent_Data_ont_he_Late_Copper_Age_Diadem_from_Vors_Hungarian_Archaeology_E-Journal_2015_Sommer_wwwhungarianarchaeologyhu

CALLIANO, Gustav: Prähistorische Funde in der Umgebung von Baden. Wien und Leipzig 1894.

FILIP, Jan: Baden bei Wien. Enzyklopädisches Handbuch zur Ur- und Frühgeschichte Europas, Band I (A-K), Stuttgart, Berlin, Köln, Mainz 1966.

FURHOLT, Martin: Die nördlichen Badener Keramikstile im Kontext des mitteleuropäischen Spätneolithikums (3650–2900 v. Chr.), Dissertation 2006.

HEILING-SCHMOLL, Irene / KRITSCHER, Herbert: Ein neolithisches Calvarium mit Trepanation aus Zillingtal.

Wissenschaftliche Arbeiten aus dem Burgenland 71, S. 37–49, Eisenstadt 1985.

JAZDZEWSKI, Konrad: In: Urgeschichte Mitteleuropas, S. 170–175, Wroclaw 1984.

KAUS, Margarete: Ein jungneolithisches Gefäßdepot von Donnerskirchen--Kreutberg. Wissenschaftliche Arbeiten aus dem Burgenland, S. 7–23, Eisenstadt 1984.

KERN, Anton / ANTL-WEISER, Walpurga / STADLER, Peter: Nachruf Dr. Elisabeth Ruttkay. Annalen des Naturhistorischen Museums Wien, 112, S. 55–66, Wien, Juni 2019.

LADENBAUER-OREL, Hertha: Die jungneolithische Keramik aus der Königshöhle von Baden bei Wien. Archaeologia Austriaca, S. 67–99, Wien 1954.

MAYER, Christian: Die archäologischen Funde aus der Königshöhle von Baden. In: MAIS, Karl / SCHAUDY, Rudolf (Herausgeber): Höhlen in Baden und Umgebung aus naturkundlicher und kulturgeschichtlicher Sicht. Wissenschaftliche Beihefte zur Zeitschrift Die Höhle 34, S. 97–107, Seibersdorf 1985.

MAYER, Christian: Lichtenwörth, ein Fundort der klassischen Badener Kultur. Seminararbeit, Wien 1983.

MAYER, Christian: Die Stellung der Funde vom Grasberg bei Ossarn im Rahmen der Badener Kultur. Dissertation, Wien 1988.

MENGHIN, Oswald: Urgeschichte Niederösterreichs. Heimatkunde von Nieder-Oesterreich, Heft 7, Wien, Leipzig, Prag 1921.

MENGHIN, Oswald: Einführung in die Urgeschichte Böhmens und Mährens, Reichenberg 1926.

NEUGEBAUER, Johannes-Wolfgang: Abfalldeponien oder Opfergruben. In: Österreich in der Urzeit, S. 125–127, Wien, München 1990.

NEUGEBAUER, Johannes-Wolfgang: Sonderbestattungen und Schädelöffnungen. In: Österreich in der Urzeit, S. 127–128, Wien, München 1990.

NEUGEBAUER-MARESCH, Christine / TESCHLER-NICOLA, Maria: Eine spätneolithische Doppelbestattung aus Sitzenberg, VB Tulln, NÖ. Fundberichte aus Österreich, S. 129–141, Wien 1986.

QUITTA, Hans: Badener Kultur. In: HERRMANN, Joachim: Lexikon früher Kulturen, S. 108, Leipzig 1984.

RUTTKAY, Elisabeth: Das jungsteinzeitliche Hornsteinbergwerk mit Bestattungen von der Antonshöhe bei Mauer. (Wien 23). Mitteilungen der Anthropologischen Gesellschaft 10, S. 70–115, Wien 1970.

RUTTKAY, Elisabeth: Über die Badener Kultur in Niederösterreich und im Burgenland. In: CHROPOVSKY, Bohuslav (Herausgeber): Symposium über die Entstehung und Chronologie der Badener Kultur. Internationales Symposium Nitra/Malé Vozokany 1969, S. 441–452, Bratislava 1973.

RUTTKAY, Elisabeth: Das Neolithikum in Niederösterreich, Forschungsberichte zur Ur- und Frühgeschichte 12, Wien 1985.

RUTTKAY, Elisabeth. Siedlungsfunde der Boleráz-Gruppe aus Wien und dem norddanubischen Niederösterreich. Fundberichte aus Österreich 38, S. 609–622, Wien 2000.

RUTTKAY, Elisabeth / TESCHLER-NICOLA, Maria: Zwei Gräber der Badener Kultur aus dem Verwaltungsbezirk St. Pölten, Niederösterreich. Annalen des Naturhistorischen Museums Wien, S. 71–87, Wien 1984.

SEEWALD, Otto: Die urgeschichtliche Kunst im Reichsgau Wien. In: DONIN, Richard K.: Geschichte der bildenden Kunst in Wien, Wien 1944.

TESCHLER-NICOLA, Maria / SCHULTZ, Michael: Jungneolithische Skelette der Badener Kultur aus Lichtenwörth und Leobersdorf, Niederösterreich. Annalen des Naturhistorischen Museums Wien, S. 111–144, Wien 1984.

WIKIPEDIA (Online-Lexikon): Johannes-Wolfgang Neugebauer
https://de.wikipedia.org/wiki/Johannes-Wolfgang_Neugebauer

WILLVONSEDER, Kurt: Zwei Grabfunde der Badener Kultur mit Metallbeigaben aus Niederösterreich. Wiener Prähistorische Zeitschrift, 24, S. 15–28, Wien 1937.

Autor Ernst Probst.
Foto: Klaus Benz, Fotograf, Mainz-Laubenheim

Der Autor

Ernst Probst, geboren am 20. Januar 1946 in Neunburg vorm Wald im bayerischen Regierungsbezirk Oberpfalz, ist Journalist und Wissenschaftsautor. Er arbeitete von 1968 bis 1971 bei den „Nürnberger Nachrichten", von 1971 bis 1973 in der Zentralredaktion des „Ring Nordbayerischer Tageszeitungen" in Bayreuth und von 1973 bis 2001 bei der „Allgemeinen Zeitung", Mainz. In seiner Freizeit schrieb er Artikel für die „Frankfurter Allgemeine Zeitung", „Süddeutsche Zeitung", „Die Welt", „Frankfurter Rundschau", „Neue Zürcher Zeitung", „Tages-Anzeiger", Zürich, „Salzburger Nachrichten", „Die Zeit", „Rheinischer Merkur", „Deutsches Allgemeines Sonntagsblatt", „bild der wissenschaft", „kosmos", „Deutsche Presse-Agentur" (dpa), „Associated Press" (AP) und den „Deut-schen Forschungsdienst" (df). Aus seiner Feder stammen die Bücher „Deutschland in der Urzeit" (1986), „Deutschland in der Steinzeit" (1991), „Rekorde der Urzeit" (1992), „Dinosaurier in Deutschland" (1993 zusammen mit Raymund Windolf) und „Deutschland in der Bronzezeit" (1996). Von 2001 bis 2006 betätigte sich Ernst Probst als Buchverleger sowie zeitweise als internationaler Fossilienhändler und Antiquitätenhändler. Insgesamt veröffentlichte er mehr als 300 Bücher, Taschenbücher, Broschüren und über 300 E-Books.

Bücher von Ernst Probst

(Auswahl)

Als Mainz im Meer lag
Als Mainz noch nicht am Rhein lag
Christl-Marie Schultes. Die erste Fliegerin in Bayern (zusammen mit Theo Lederer)
Der Europäische Jaguar
Der Mosbacher Löwe. Die riesige Raubkatze aus Wiesbaden
Der Rhein-Elefant. Das Schreckenstier von Eppelsheim
Der Schwarze Peter. Ein Räuber im Hunsrück und Odenwald
Der Ur-Rhein. Rheinhessen vor zehn Millionen Jahren
Deutschland im Eiszeitalter
Deutschland in der Frühbronzezeit
Deutschland in der Mittelbronzezeit
Deutschland in der Spätbronzezeit
Die Aunjetitzer Kultur in Deutschland
Die Straubinger Kultur in Deutschland
Die Singener Gruppe
Die Arbon-Kultur in Deutschland
Die Ries-Gruppe und die Neckar-Gruppe
Die Adlerberg-Kultur
Der Sögel-Wohlde-Kreis
Die nordische Bronzezeit in Deutschland
Die Hügelgräber-Kultur in Deutschland
Die ältere Bronzezeit in Nordrhein-Westfalen
Die Bronzezeit in der Lüneburger Heide
Die Stader Gruppe
Die Oldenburg-emsländische Gruppe
Die Urnenfelder-Kultur in Deutschland
Die ältere Niederrheinische Grabhügel-Kultur

Die Unstrut-Gruppe
Die Helmsdorfer Gruppe
Die Saalemündungs-Gruppe
Die Lausitzer Kultur in Deutschland
Die Dolchzahnkatze Megantereon
Die Dolchzahnkatze Smilodon
Die Säbelzahnkatze Homotherium
Die Säbelzahnkatze Machairodus
Die Schweiz in der Frühbronzezeit
Die Rhône-Kultur in der Westschweiz
Die Arbon-Kultur in der Schweiz
Die Schweiz in der Mittelbronzezeit
Die Schweiz in der Spätbronzezeit
Dinosaurier von A bis K. Von Abelisaurus bis zu Kritosaurus
Dinosaurier von L bis Z. Von Labocania bis zu Zupaysaurus
Der rätselhafte Spinosaurus. Leben und Werk des Forschers
Ernst Stromer von Reichenbach
Eiszeitliche Geparde in Deutschland
Eiszeitliche Leoparden in Deutschland
Frauen im Weltall
Hildegard von Bingen. Die deutsche Prophetin
Höhlenlöwen. Raubkatzen im Eiszeitalter
Julchen Blasius. Die Räuberbraut des Schinderhannes
Johann Jakob Kaup. Der große Naturforscher aus Darmstadt
Königinnen der Lüfte
Königinnen der Lüfte in Deutschland
Königinnen der Lüfte in Europa
Königinnen der Lüfte in Frankreich
Königinnen der Lüfte in England und Australien
Königinnen der Lüfte in Amerika
Königinnen der Lüfte von A bis Z
Königinnen des Tanzes

Malende Superfrauen
Meine Worte sind wie die Sterne Die Entstehung der Rede des Häuptlings Seattle (zusammen mit Sonja Probst, verheiratete Werner)
Monstern auf der Spur. Wie die Sagen über Drachen, Riesen und Einhörner entstanden
Neues vom Ur-Rhein. Interview mit dem Geologen und Paläontologen Dr. Jens Sommer
Österreich in der Frühbronzezeit
Österreich in der Mittelbronzezeit
Österreich in der Spätbronzezeit
Pompadour und Dubarry. Die Mätressen von Louis XV.
Raub-Dinosaurier von A bis Z. Mit Zeichnungen von Dmitry Bogdanav und Nobu Tamura
Rekorde der Urmenschen. Erfindungen, Kunst und Religion
Rekorde der Urzeit. Landschaften, Pflanzen und Tiere
Säbelzahnkatzen. Von Machairodus bis zu Smilodon
Säbelzahntiger am Ur-Rhein. Machairodus und Paramachairodus
Superfrauen aus dem Wilden Westen
Superfrauen 1 – Geschichte
Superfrauen 2 – Religion
Superfrauen 3 – Politik
Superfrauen 4 – Wirtschaft und Verkehr
Superfrauen 5 – Wissenschaft
Superfrauen 6 – Medizin
Superfrauen 7 – Film und Theater
Superfrauen 8 – Literatur
Superfrauen 9 – Malerei und Fotografie
Superfrauen 10 – Musik und Tanz
Superfrauen 11 – Feminismus und Familie
Superfrauen 12 – Sport

Superfrauen 13 – Mode und Kosmetik
Superfrauen 14 – Medien und Astrologie
Tony und Bruno Werntgen. Zwei Leben für die Luftfahrt (zusammen mit Paul Wirtz)
Was ist ein Menhir? Interview mit dem Mainzer Archäologen Dr. Detert Zylmann
Wer ist der kleinste Dinosaurier? Interviews mit dem Wissenschaftsautor Ernst Probst
Wer war der Stammvater der Insekten? Interview mit dem Stuttgarter Biologen und Paläontologen Dr. Günther Bechly
6000 Jahre Kastel. Von der Steinzeit bis zum 21. Jahrhundert
5000 Jahre Kostheim. Von der Steinzeit bis zum 21. Jahrhundert
Kastel in der Vorzeit. Von der Jungsteinzeit bis Christi Geburt
Kostheim in der Vorzeit. Von der Jungsteinzeit bis Christi Geburt
Wiesbaden in der Steinzeit
Anno 1.000.000. Deutschland in der älteren Altsteinzeit
Das Protoacheuléen. Eine Kulturstufe der Altsteinzeit vor etwa 1,2 Millionen bis 600.000 Jahren
Das Altacheuléen. Eine Kulturstufe der Altsteinzeit vor etwa 600.000 bis 350.000 Jahren
Das Jungacheuléen. Eine Kulturstufe der Altsteinzeit vor etwa 350.000 bis 150.000 Jahren
Das Spätacheuléen. Eine Kulturstufe der Altsteinzeit vor etwa 150.000 bis 100.000 Jahren
Die Lanze von Lehringen. Der Jahrhundertfund aus der Altsteinzeit
Das Moustérien. Die große Zeit der Neanderthaler
Das Aurignacien. Eine Kulturstufe der Altsteinzeit vor etwa 40.000 bis 31.000 Jahren
Das Gravettien. Eine Kulturstufe der Altsteinzeit vor etwa 35.000 bis 24.000 Jahren
Das Magdalénien. Eine Kultustufe der Altsteinzeit vor etwa

Kultur (5.500 bis 4.900 v. Chr.)
Die Ertebölle-Ellerbek-Kultur. Eine Kultur der Jungsteinzeit vor etwa 5.000 bis 4.300 v. Chr.
Die Stichbandkeramik. Eine Kultur der Jungsteinzeit vor etwa 4.900 bis 4.500 v. Chr.
Die Oberlauterbacher Gruppe. Eine Kulturstufe der Jungsteinzeit vor etwa 4.900 bis 4.500 v. Chr.
Die Hinkelstein-Gruppe. Eine Kulturstufe der Jungsteinzeit vor etwa 4.900 bis 4.800 v. Chr.
Die Rössener Kultur. Eine Kultur der Jungsteinzeit vor etwa 4.600 bis 4.300 v. Chr.
Die Kupferzeit. Wie die ersten Metalle in Mitteleuropa bekannt wurden
Die Michelsberger Kultur. Eine Kultur der Jungsteinzeit vor etwa 4.300 bis 3.500 v. Chr.
Das Rätsel der Großsteingräber. Die nordwestdeutsche Trichterbecher-Kultur vor etwa 4.300 bis 3.000 v. Chr.
Die Baalberger Kultur. Eine Kultur der Jungsteinzeit vor etwa 4.300 bis 3.700 v. Chr.
Pfahlbauten in Süddeutschland. Dörfer der Jungsteinzeit und Bronzezeit an Seen, Mooren und Flüssen
Die Altheimer Kultur / Die Pollinger Gruppe. Zwei Kulturen der Jungsteinzeit vor etwa 3.900 bis 3.500 v. Chr.
Die Salzmünder Kultur. Eine Kultur der Jungsteinzeit vor etwa 3.700 bis 3.200 v. Chr.
Die Chamer Gruppe. Eine Kulturstufe der Jungsteinzeit vor etwa 3.500 bis 2.800 v. Chr.
Die Wartberg-Kultur. Eine Kultur der Jungsteinzeit vor etwa 3.500 bis 2.800 v. Chr.
Die Walternienburg-Bernburger Kultur. Eine Kultur der Jungsteinzeit vor etwa 3.200 bis 2.800 v. Chr.
Die Kugelamphoren-Kultur. Eine Kultur der Jungsteinzeit vor

www.ingramcontent.com/pod-product-compliance
Lightning Source LLC
LaVergne TN
LVHW010435230826
846092LV00009BA/1168

* 9 7 9 8 5 8 5 7 2 9 7 3 7 *